London

Leiden

Hannover

Berlin

Frankfurt

Kassel

Leipzig

Dresden

Breslau

Freiberg

Versailles

Paris

Reims

Würzburg

Mannheim

Regensburg

Stuttgart

Wien

Freiburg

Ulm

Augsburg

Basel

Schaffhausen

Zürich

Bern

Lyon

Venedig

Bologna

Marseille

Rom

Neapel

Katrin Hirt ist Historikerin und lebt mit ihrer Familie
in Tübingen. Neben ihrer Beschäftigung mit wissen-
schaftlichen Texten verfasst sie Geschichten für Kinder.
»Ein Nashorn namens Clara« ist ihr erstes Bilderbuch.

Laura Fuchs wuchs zwischen Wäldern und Feldern in
Nordrhein-Westfalen auf, wo es viel Raum für eigene
Geschichten und Bilder gibt. Das Studium der Illustration
führte sie nach Hamburg, wo sie auch heute noch lebt.
Mit ihrem Hund erobert sie die Grenzen der Stadt und
mit ihrem Pinsel die ganze Welt.

Katrin Hirt • Laura Fuchs

Ein Nashorn namens Clara

NordSüd

Diese Geschichte ist eine wahre Geschichte. Sie erzählt von einem Nashorn namens Clara und von einer lang vergangenen Zeit. Zu dieser Zeit verbrachten die meisten Menschen ihr ganzes Leben an einem Ort. Sie kannten keine fernen Länder und fremden Tiere. Sie kannten ihre Heimat und die kannten sie gut.

Wenn diese Menschen doch jemals ihr Zuhause verließen, dann reichte ihre Reise selten weiter als bis in das nächste Dorf oder in die nächste Stadt.

Sie gingen zu Fuß oder ritten zu Pferde. Sie fuhren mit einem Ochsenkarren oder mit der Postkutsche. Es führten noch keine Tunnels durch die Berge, Flugzeuge waren noch nicht erfunden, und Schiffe besaßen keine Motoren. Dennoch unternahmen einige Kaufleute weite Reisen. Sie segelten monatelang über die Meere, von Holland bis nach Indien. Sie kauften dort Gewürze, Kaffee und Tee und brachten die Waren zurück nach Europa.

Zu dieser Zeit lebte Clara, das Nashorn. Vor fast dreihundert
Jahren kam es in Indien zur Welt.

Als das Nashorn noch ganz klein war, kannte es nichts als das
hohe grüne Gras, die feuchte Erde und die schwüle Hitze.
Es sah die gewaltige Gestalt des großen Nashorns, seiner Mutter.
Es hörte das Kreischen der Affen, das Sirren der Mücken und
die Rufe der Vögel, die hoch über ihm hinwegflogen.

Auf einmal kamen Jäger, sie schossen mit Pfeilen und töteten
das große Nashorn. Das kleine Nashorn blieb zurück. Die Jäger
ergriffen es und nahmen es mit sich.

Doch die Jäger wollten das kleine Nashorn bald wieder loswerden. Sie brachten es in die nächste größere Stadt und schenkten es dort einem holländischen Kaufmann und seiner Familie. Die nahmen es freundlich auf. Sie fütterten das kleine Nashorn mit Milch, bereiteten ihm einen Platz zum Schlafen und gaben ihm einen Namen: Clara.

Clara schnüffelte an Möbeln, Vorhängen und den Händen der Kinder. Die Kinder sprachen mit ihr, streichelten über ihre faltige Haut, und Clara verlor alle Angst vor den Menschen.

Wenn der Kaufmann Gäste zum Essen empfing, ließ
er das kleine Nashorn ins Zimmer bringen. Clara
trottete um die lange Tafel, stupste die Gäste sanft
in die Seite und fraß der Frau des Kaufmanns aus
der Hand. Die Herren am Tisch schmunzelten, und
die Damen klatschten entzückt.

Clara fühlte sich wohl. Sie fraß und gedieh, sie wurde immer größer und immer dicker. Der Schlafplatz wurde zu eng. Im Esszimmer warf sie versehentlich Möbel um. Auf dem Tisch klirrte das Porzellan unter der Wucht ihrer Schritte. Die Gäste wichen ängstlich zurück.

»Es geht so nicht weiter«, sagte der Kaufmann und schüttelte den Kopf, »Clara kann nicht bei uns bleiben.« Doch wohin mit Clara? Die Kinder weinten. Clara hatte nicht gelernt, in der Wildnis zu leben. Sie vertraute den Menschen und würde die Jäger nicht fürchten. Sie wussten sich keinen Rat.

Eines Abends war ein junger Mann zu Gast. Sie erzählten ihm von ihrem Kummer, und der Gast hörte aufmerksam zu. Sein Name war Douwe van der Meer. Er war der Kapitän eines Handelsschiffes und kam aus Holland.

»Ich hab's!«, rief der junge Mann. »Ich habe die Lösung! Ich nehme Clara mit, ich bringe sie nach Europa. Ein Nashorn hat dort noch niemand gesehen. Das wird eine Sensation!«

»Gut«, nickte der Kaufmann, »einverstanden.«

Schnell wurde alles für die Reise vorbereitet.
Die Familie kam an den Hafen und winkte
traurig zum Abschied, als Clara mit Kapitän
van der Meer davonsegelte.

Die Reise von Indien nach Holland dauerte lang. Viele Wochen lang. Claras Platz war auf dem Deck des Schiffes. Sie roch die salzige Luft und sah den Horizont sich heben und senken. Sie sah die Sonne aufgehen und wieder untergehen, hörte die Rufe der Matrosen, das Flattern der Segel und die freundliche Stimme von Douwe van der Meer.

Er blieb in Claras Nähe und erzählte ihr von Holland, seiner Heimat. Und von den Reisen, die sie zusammen unternehmen würden. Clara schnaubte, schnupperte an Douwes Jacke und ließ sich von ihm streicheln.

Douwe machte sich Notizen: »Clara frisst täglich einen Zentner Heu«, schrieb er und: »Clara hält tagsüber gerne ein Nickerchen.« Und er unterstrich: »Am allerliebsten frisst Clara Orangen.«

Die Ankunft im Hafen von Rotterdam war ein großes Ereignis.
In Windeseile verbreitete sich die Nachricht: »Ein riesiges Tier,
ein echtes Nashorn aus Indien ist angekommen!« Männer und
Frauen, Junge und Alte strömten herbei. Sie riefen begeistert:
»Kommt alle her! Kommt und seht! Was für ein sonderbares Tier!«

Douwe van der Meer freute sich. Er wollte, dass noch viel mehr Menschen Clara bewundern konnten. Deshalb ließ er einen Wagen bauen. Es war ein besonderer Wagen. Groß und sehr stabil musste er sein, damit Clara darin verreisen konnte.

Außerdem druckte er viele Papiere, auf denen stand: »Ein indisches Nashorn, wahrhaftig und echt, kommt in eure Stadt! Seht selbst! Nur zwei Groschen der Eintritt.«

Es waren acht Pferde nötig, um Claras Wagen zu ziehen. Er polterte schwer über die steinigen Wege. Clara schmeckte den Staub der Straße, hörte das Knirschen der Räder, den Peitschenschlag des Kutschers und das Trappeln der Pferdehufe.

Wohin sie auch kamen, alle Menschen wollten Clara sehen: Erwachsene wie Kinder, Arme wie Reiche. »Welch ein Gigant!«, staunten sie. »Seht nur den riesigen Schädel und das gefährliche Horn!« Douwe van der Meer hielt ein Maßband in die Höhe und fragte ins Publikum: »Wer ist so mutig, dieses Nashorn zu vermessen?«

Da wagte sich ein furchtloser Kerl an Clara heran, nahm Maß und rief: »Über drei Meter lang und fast zwei Meter hoch!«

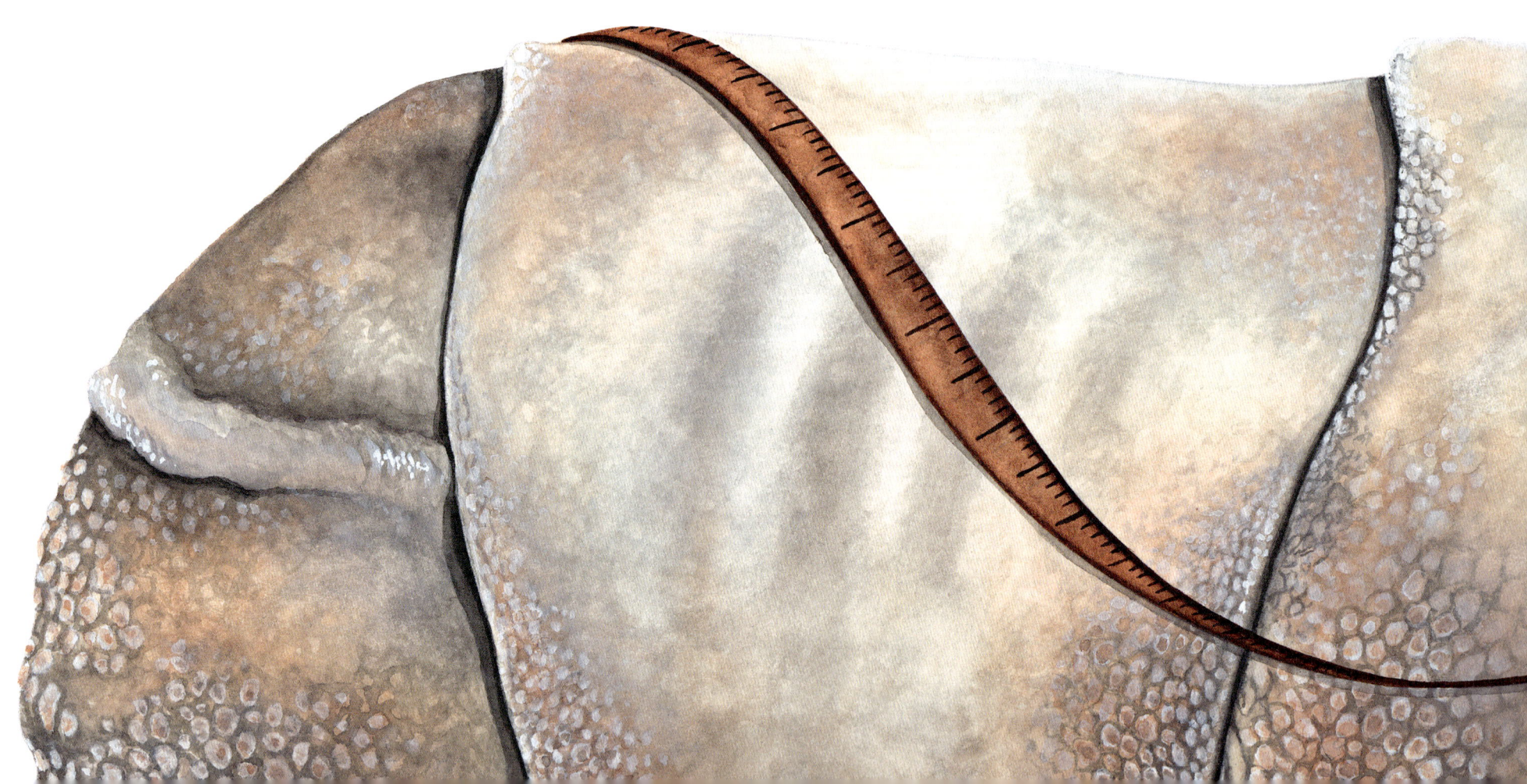

Douwe van der Meer und Clara reisten durch viele Länder. Was den Menschen in den Dörfern und Städten gefiel, das wollten die Grafen und Fürsten, die Königinnen und Könige ebenso sehen. In Samt und Seide gekleidet, kamen sie mit ihrem Hofstaat auf den Marktplatz, wo Clara gezeigt wurde.

»Ganz einzigartig!«, riefen die Damen und hielten sich ein Taschentuch vor die Nase. »Bemerkenswert!«, riefen die Herren. Der französische König Ludwig XV. wollte Clara kaufen.

Aber van der Meer sagte: »Nein, ich bedaure. Clara ist nicht zu verkaufen.«

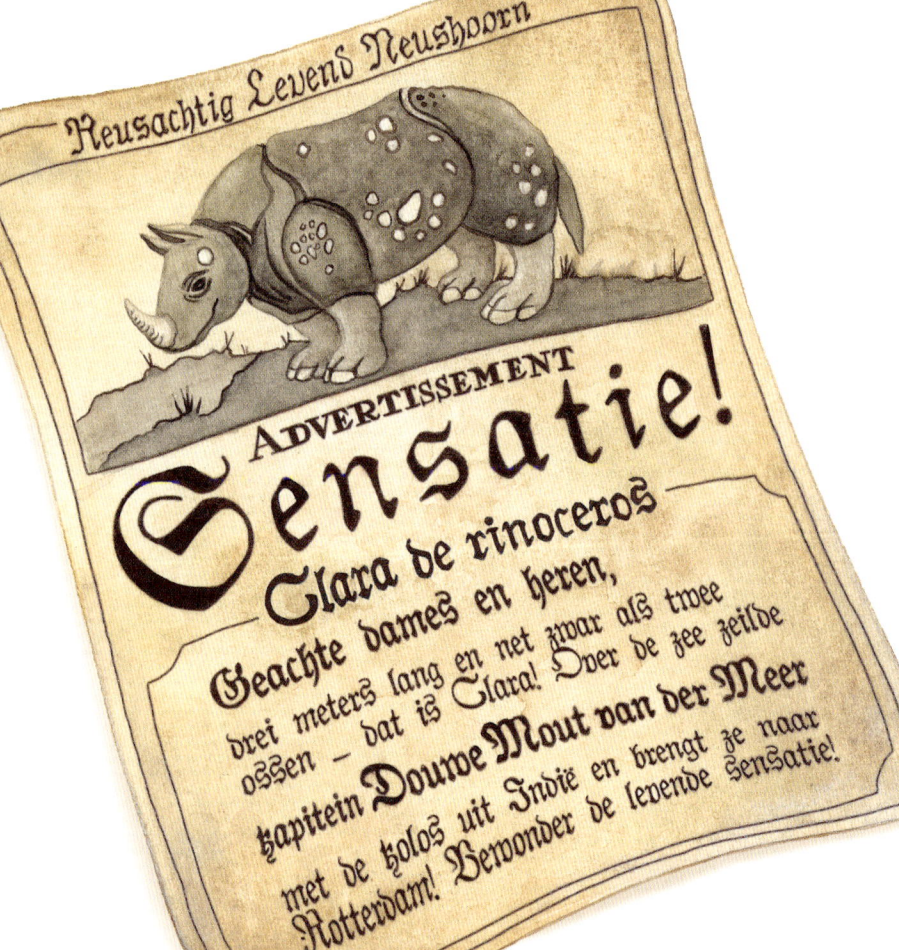

Reusachtig Levend Neushoorn

ADVERTISSEMENT

Sensatie!
Clara de rinoceros

Geachte dames en heren,
drei meters lang en net zwaar als twee
ossen – dat is Clara! Over de zee zeilde
kapitein **Douwe Mout van der Meer**
met de kolos uit Indië en brengt ze naar
Rotterdam! Bewonder de levende sensatie!

Géant Indien

vivant exposé à Paris!

Le Hollandais Douwe Mout van der Meer
livre la sensation bengalie à la France!
Clara le rhinocéros
un phénomène de la nature!
Venez vivre cette rencontre sidérante!

Clara wurde berühmt. Ihr Bild wurde auf Plakate und Münzen gedruckt, es gab Figuren von ihr aus Porzellan und aus Bronze. Zeitungen berichteten von Clara. Wissenschaftler beobachteten sie mit Interesse. Dichter reimten Verse und sangen Lieder über sie. In Paris trugen die feinen Damen Perücken zu einem Horn aufgetürmt und nannten die Frisur »à la Nashorn«.

Clara war zufrieden, solange Douwe van der Meer in ihrer Nähe blieb. Douwe achtete auf Clara und darauf, dass sie stets einen riesigen Haufen Heu hatte und hin und wieder ein paar Orangen.

»Lass uns zum Karneval nach Venedig fahren«, sagte Douwe zu Clara und streichelte ihren riesigen Schädel, »dort wirst du die größte Attraktion sein!«

Douwe und Clara machten sich auf einem Schiff auf den
Weg nach Italien. Doch auf der Reise kam ein mächtiger
Sturm auf. Das Schiff wurde weit hochgehoben und fiel tief
zwischen die haushohen Wellen. Clara trat wild gegen die
Gitterstäbe ihres Käfigs und brüllte vor Angst. Douwe van
der Meer half den Seeleuten, wo er konnte. Da er selbst
Kapitän war, wusste er, was zu tun war.

Zum Glück überstanden sie das Unwetter ohne Schaden.
Als das Schiff im Hafen von Venedig einlief, wartete dort bereits
eine Menschenmenge, die jubelte und Claras Ankunft feierte.

Das Nashorn war nur knapp den Gefahren des Meeres entgangen,
daher erschien es den Menschen noch teurer. Sie behängten Clara
mit Blumengirlanden und beschenkten sie mit süßen Früchten.
Sie ließen einen berühmten Künstler kommen, der Clara malte.

Clara ließ alles geduldig geschehen,
aber Douwe van der Meer spürte,
dass seine Freundin erschöpft war.
Als er mit ihr alleine war, trat er an
ihren Stall und flüsterte: »Wir sind
lang genug gereist. Wir brauchen
ein Zuhause, du und ich.« Clara
schnaubte und rieb ihren Kopf an
Douwes Jacke.

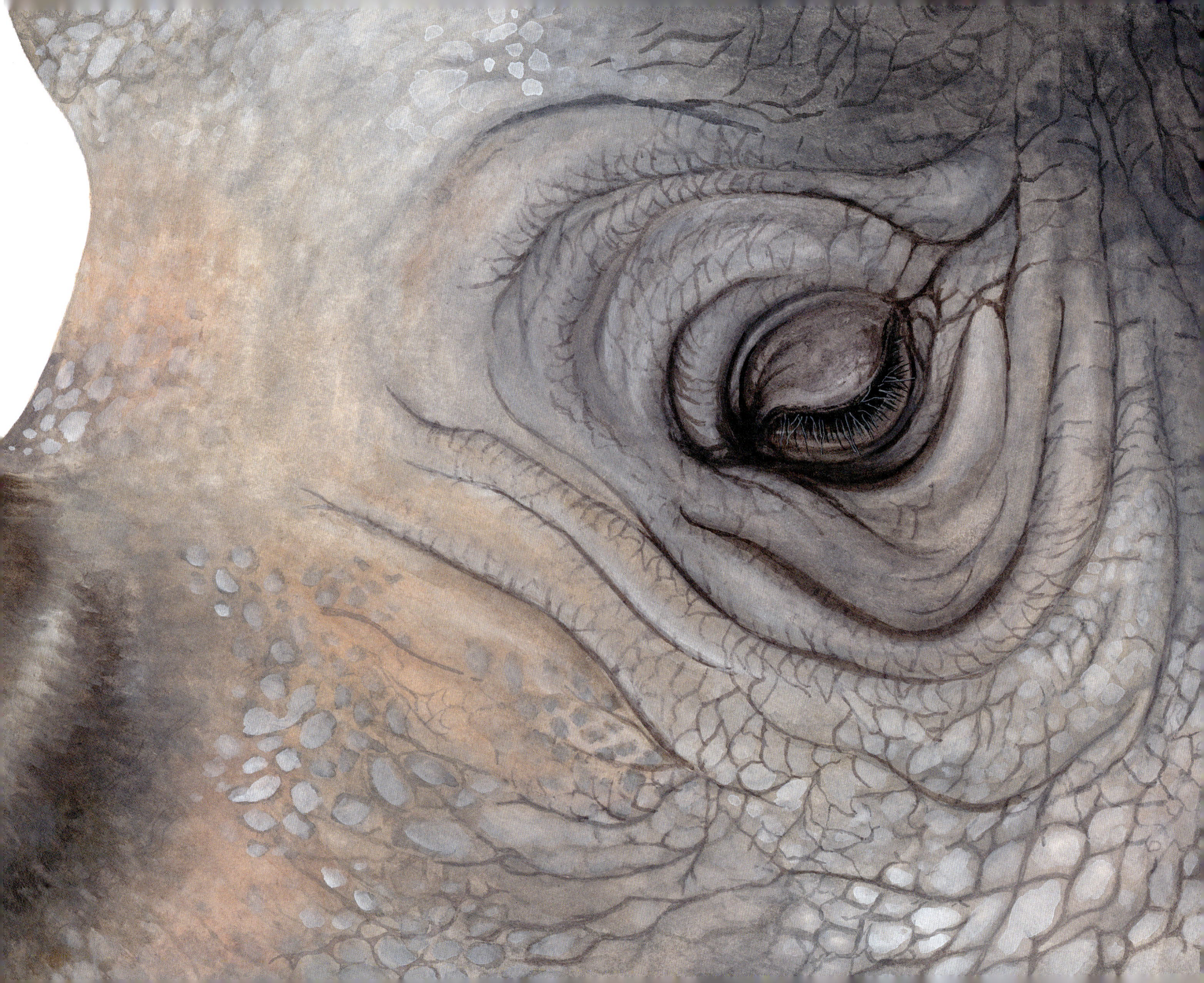

Sie reisten zurück nach Holland, in die Heimat von Douwe van der Meer. Dort war das Land grün und weit und das Leben ruhig. Douwe baute einen schönen Stall für Clara und kaufte ein großes Stück Weideland für sie, mit einem kleinen Bach und einem herrlichen Schlammloch. Clara badete im Schlamm, fraß und war glücklich. Douwe besuchte Clara jeden Tag. Er trat an den Zaun, und sie trabte heran und ließ sich streicheln.

Noch oft sprach Douwe über ihre aufregenden gemeinsamen Reisen und die vielen Menschen, die Clara gesehen und bestaunt hatten. Fast wie im Traum.
Und doch ist diese Geschichte tatsächlich wahr.

Claras Geschichte ist bis heute nicht vergessen.
Die Bilder, die einst von ihr gemalt wurden,
sind in Museen zu sehen. Sie erzählen von einer
lang vergangenen Zeit, in der ein Nashorn
berühmt wurde.

© 2019 NordSüd Verlag AG, Franklinstrasse 23, CH-8050 Zürich
Alle Rechte, auch die der Bearbeitung oder auszugsweisen Vervielfältigung,
gleich durch welche Medien, vorbehalten.
Lektorat: Andrea Naasan
Covergestaltung und Layout: Fabienne Heeb
Druck und Bindung: Livonia Print, Riga, Lettland
ISBN 978-3-314-10432-9

1. Auflage 2019

www.nord-sued.com
Bei Fragen, Wünschen oder Anregungen schreiben Sie bitte an:
info@nord-sued.com

Der NordSüd Verlag wird vom Bundesamt für Kultur
mit einem Strukturbeitrag für die Jahre 2016–2020 unterstützt.

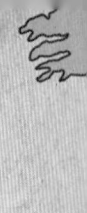

1738-1758